How Beau the Cat Learned French

Comment Beau le Chat a appris le français

A Bilingual Book by **Lily Summer**

Copyright © 2016 by Lily Summer

ISBN 13: 978-1-58790-393-9
ISBN 10: 1-58790-393-8

All rights reserved.

Manufatured in the U.S.A.
REGENT PRESS
Berkeley, California
www.regentpress.net

Beau's Signature

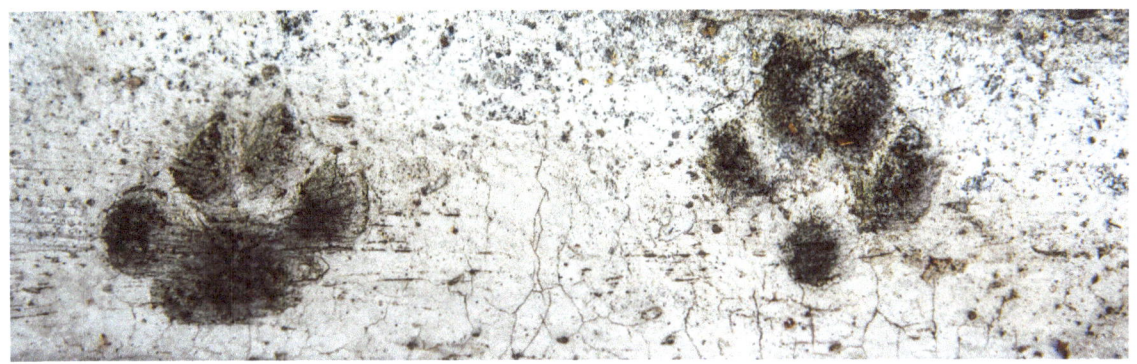

La Signature de Beau

My thanks go to :

Mark Weiman, my editor, for his dedication and wealth of knowledge. He made this unique book possible.

Gayle Young, Beau's Mom, for generously sharing her precious cat with me.

Amélie Hassan, for her artistic sense and design skills.

Madeleine and Carson, for their lovely portraits of Beau and their insight and clever advice.

Mes remerciements à :

Mark Weiman, mon éditeur, pour son implication à la création de ce livre et son grand savoir professionnel.

Gayle Young, la "Maman" de Beau, qui a généreusement partagé son chat adoré avec moi.

Amélie Hassan, pour son sens artistique et ses précieuses capacités en design.

Madeleine et Carson, pour leurs magnifiques portraits de Beau et pour leurs judicieux conseils.

Beau wants to go to Paris.

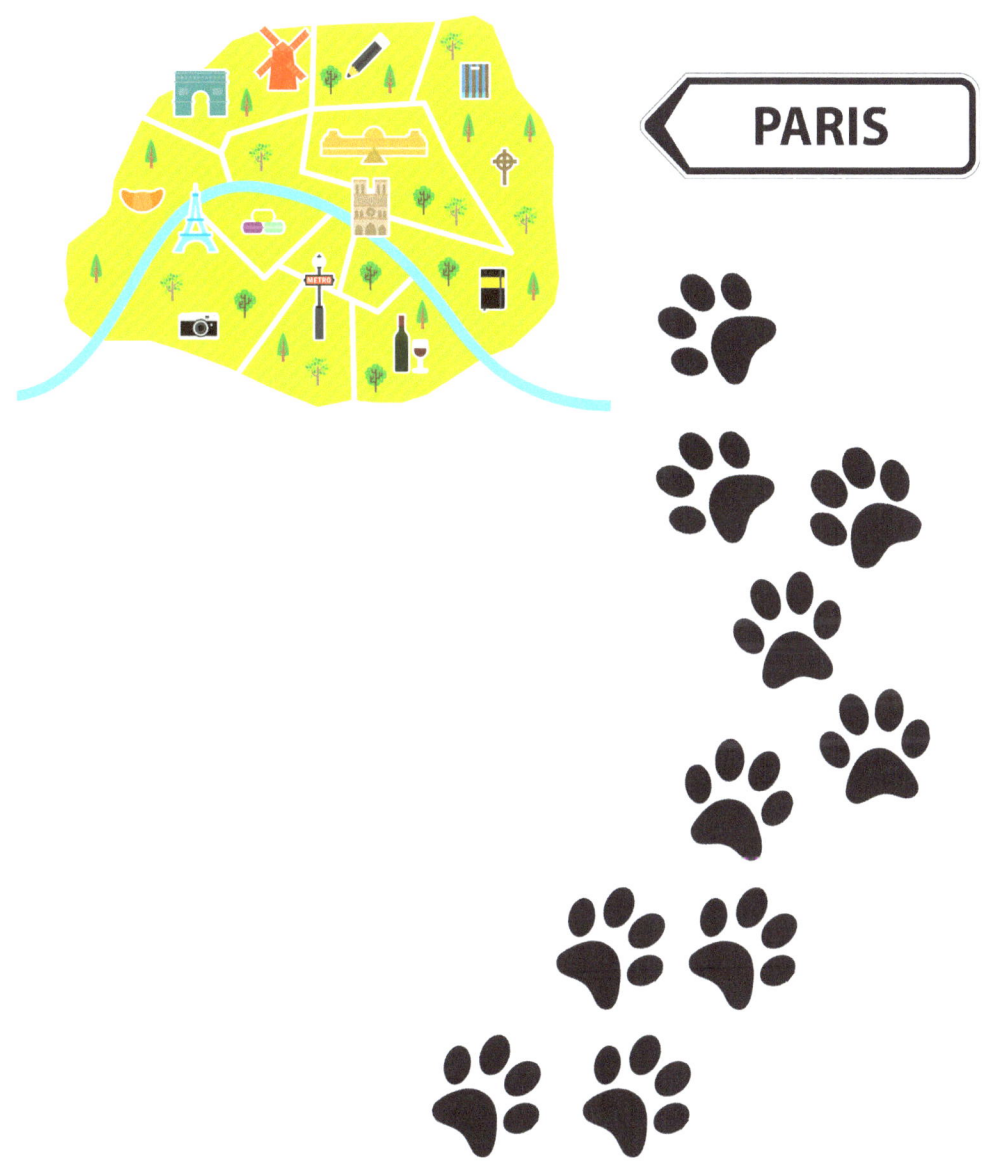

Beau veut aller à Paris.

Beau is a foodie. He adores eating. Yet Beau thinks, "In Paris they speak French."

Beau est gourmand. Il adore manger. Alors Beau réfléchit: "À Paris on parle français."

If he wants to eat well in Paris, he needs to know how to say chicken, salmon, tuna, cheese, mouse, shrimp, beef bourguignon and filet mignon in French!

S'il veut bien manger à Paris, il doit savoir dire poulet, saumon, thon, fromage, souris, crevette, bœuf bourguignon et filet mignon en français !

Only one solution: Lisa. Each day Beau has noticed students with a notebook and pen arriving at her house to learn French. Lisa is a language teacher. So Beau secretly listens, spies and learns.

Une seule solution: Lisa. Tous les jours Beau a remarqué que des étudiants avec un cahier et un stylo arrivent chez elle pour apprendre le français. Lisa est professeur de langues. Alors Beau, l'air de rien, écoute, espionne et apprend.

In the bird bath, he learned how to count from one to ten: one, two, three, four, five, six, seven, eight, nine, ten.

Dans la vasque pour oiseaux, il a appris à compter de un à dix: un, deux, trois, quatre, cinq, six, sept, huit, neuf, dix.

Near the hat, he learned the word "roast chicken".

Près du chapeau, il a appris le mot "poulet rôti".

On the garden chair, he learned to ask, "I would like a bowl of water please."

Sur le fauteuil de jardin, il a appris à demander: "Je voudrais un bol d'eau s'il vous plaît."

On the couch, he pretends to sleep and he learned the word "smoked salmon". But Beau only likes fresh salmon.

Sur le canapé, il fait semblant de dormir et il a appris le mot "saumon fumé". Mais Beau n'aime que le saumon frais.

Under the bed, he learned the word "mouse". Mouse is a feminine word. A cat like him is a masculine word.

Sous le lit, il a appris le mot "souris". Souris c'est un mot féminin. Un chat comme lui c'est un mot masculin.

He hid behind the plant and he learned the word "fish" and not poison. Be careful to pronounce it well. It's like dessert and desert. French is difficult. One lisps a little bit, and one gets poison in the desert and not fish for dessert, and that's what Beau wants!

SS= [s]   S= [z]

Il s'est caché derrière la plante et il a appris le mot "poisson" et pas poison. Attention à bien prononcer. C'est comme le dessert et le désert. C'est difficile le français ! On zozote un peu et on se retrouve avec du poison dans le désert, et pas du poisson comme dessert, et ça c'est ce que Beau veut !

Lisa has a lot of patience. She pronounces the words clearly and repeatedly. That way Beau is learning quickly and well. In the closet, Beau reviews all the vocabulary and makes sure Lisa doesn't forget anything, especially her summer shoes.

Lisa a beaucoup de patience. Elle prononce les mots clairement et plusieurs fois. Ainsi Beau apprend vite et bien. Dans le placard, Beau révise tout le vocabulaire et s'assure que Lisa n'oublie rien, surtout pas ses chaussures d'été.

After a few months he is ready and sneaks into Lisa's suitcase. Lisa is going to Paris tomorrow. Beau is very happy. He can't wait to see the Eiffel Tower and all of Paris from up high.

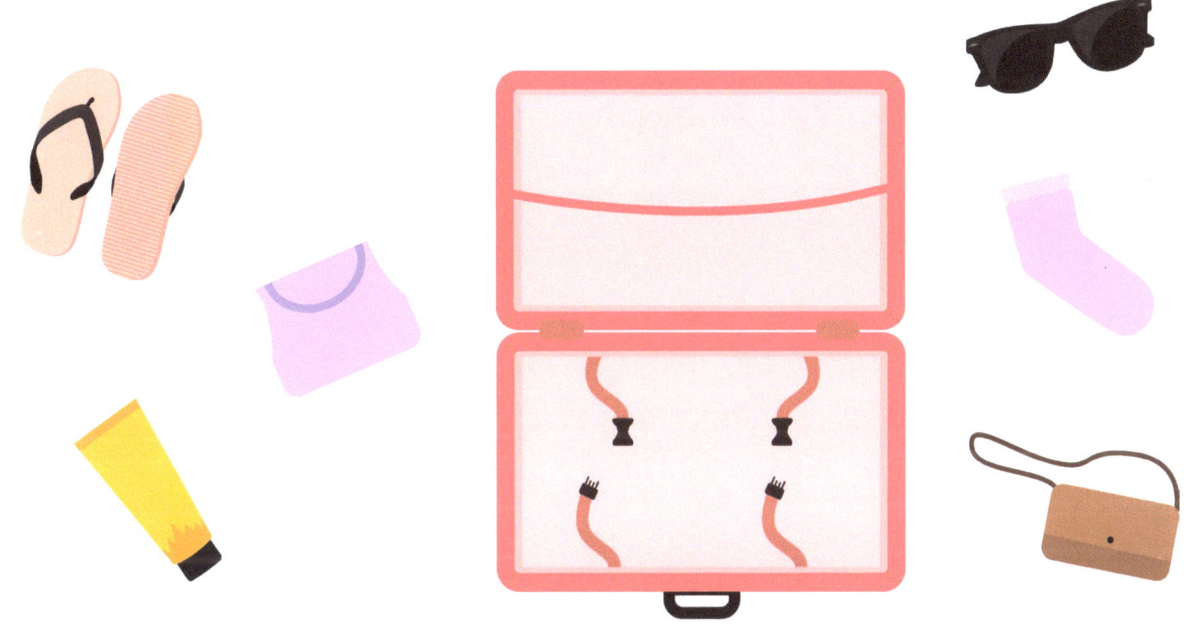

Après quelques mois le voilà prêt et il se glisse dans la valise de Lisa. Lisa va partir à Paris demain. Beau est très content, il a hâte de voir la tour Eiffel et de voir tout Paris de là-haut.

Madeleine M.

CHARSON

Madeleine and Carson, Lisa's French students, drew portraits of Beau who has been eavesdropping on their lessons.

Madeleine et Carson, les élèves de Lisa en français, ont dessiné des portraits de Beau qui les a espionnés pendant leurs leçons.

Draw your own picture of Beau:

Dessine Beau:

www.ingramcontent.com/pod-product-compliance
Lightning Source LLC
Chambersburg PA
CBHW041530070526
44586CB00002B/35